Inhalt

Rückverfolgbarkeit (EU-Verordnung 178/2002)

Kernthesen

Beitrag

Fallbeispiele

Weiterführende Literatur

Impressum

Rückverfolgbarkeit (EU-Verordnung 178/2002)

I.Zeilhofer-Ficker

Kernthesen

- Ab spätestens 1. Januar 2005 muss die Rückverfolgbarkeit von Lebens- und Futtermitteln über alle Produktions-, Verarbeitungs- und Vertriebsstufen sichergestellt werden.
- Jeder Betrieb, der mit der Lebens- oder Futtermittelherstellung beschäftigt ist, muss Systeme schaffen, mit denen jederzeit festgestellt werden kann, von wem ein Stoff kommt oder wohin ein Produkt geliefert wurde.
- Ob die EU-Verordnung zur Rückverfolgbarkeit ein chargenbezogenes System verlangt ist umstritten.

- Ein Tracking-System auf Chargenbasis kann aus wirtschaftlichen Gründen durchaus von Vorteil sein, da Rückrufaktionen zielgenau und spezifiziert durchgeführt werden können.
- Auch in anderen Branchen sind Vorschriften zur Rückverfolgbarkeit durch Tracking- und Tracing-Systeme geplant.

Beitrag

Tracking und Tracing ist allgemein im Zusammenhang mit Paketzustellern bekannt geworden. Für ein Paket, bei der Post abgegeben und dort elektronisch erfasst, kann zu jeder Zeit der Aufenthaltsort und Status abgefragt werden. Der Kunde weiß genau, ob die Fracht noch im Lieferwagen oder bereits beim Empfänger abgegeben ist. Viele Kep-Dienstleister bieten ihren Kunden per Internet Zugang zu ihren Sendungsverfolgungssystemen, sodass der Kunde den Status seiner Fracht jederzeit ohne Verzögerung feststellen kann.

Lebensmittelskandale wie BSE, Schweinepest oder Nitrofen im Hühnerfutter haben die Politiker und Verbraucher in den letzten Jahren gleichermaßen erschüttert. Zum Wohle des Verbraucherschutzes soll deshalb künftig sicher gestellt werden, dass schnell und zweifelsfrei ermittelt werden kann, wo ein Lebensmittel und seine Zutaten herkommen, welche Verarbeitungsschritte es durchlaufen hat und wo die Primärproduktion erfolgt ist. Rückrufaktionen sollen schnell und gezielt durchzuführen sein, ohne dass ganze Betriebe geschlossen und ganze Regale leergeräumt werden müssen. Tracking und Tracing muss in der Lebensmittelbranche genau so zum Standard werden, wie es bei den Paketdiensten bereits der Fall ist. (2), (3)

Die Verordnung

Die EU-Verordnung 178/2002 schreibt vor, dass jedes Lebens- oder Futtermittel zu jeder Zeit bis zu seinem Ursprung zurückverfolgt werden kann. Verantwortlich dafür ist jeder, der mit der Herstellung, Verarbeitung oder dem Vertrieb von Nahrungs- und Futtermitteln beschäftigt ist. (1)

Außerdem muss jeder Unternehmer der Branche jede Person feststellen können, von der er ein Lebensmittel, ein Futtermittel, ein Tier oder einen Stoff für die Lebensmittelherstellung erhalten hat. (1), (www.rueckverfolgbarkeit.de)

Zu diesem Zweck müssen die Unternehmen Systeme und Verfahren schaffen, die dokumentieren, woher die Zutaten oder Futtermittel kommen und wohin Produkte geliefert werden. Außerdem sind die Waren so zu kennzeichnen, dass die Rückverfolgbarkeit erleichtert wird. Jeder Betrieb ist für die Verarbeitungsstufe verantwortlich, auf die er selbst Einfluss nehmen kann. (3), (www.rückverfolgbarkeit.de)

In Kraft treten wir diese Verordnung zum 1. Januar 2005. Für die Überwachung der Einhaltung wird durch Routinekontrollen der Lebensmittelüberwachung gesorgt werden.

Wie wird die Verordnung umgesetzt

Etwa 5400 Betriebe gehören in Deutschland der Ernährungsindustrie an. Man geht davon aus, dass rund ein Drittel davon noch nichts von der Verordnung 178/2002 gehört hat. Vor allem Kleinbetriebe wie Nebenerwerbslandwirte sind oft noch weit von der Umsetzung der Verordnung entfernt. Doch auch sie sind künftig zur lückenlosen

Darstellung von Produktion und Lagerung gezwungen. (4), (5)

Handel ist gut vorbereitet

Besser vorbereitet sind die deutschen Handelsketten auf die Rückverfolgungsanforderungen. Bei vielen "Großen" ist die Rückverfolgbarkeit schon seit einigen Jahren Standard. Auch der vom deutschen Einzelhandel entwickelte International Food Standard (IFS), der die verschiedenen nationalen und europäischen Gesetzesvorgaben bündelt und in eine überprüfbare Form bringt, ist weitgehend implementiert und soll Zug um Zug europaweit zur Pflicht werden. Der IFS schreibt die Rückverfolgbarkeit detailliert vor und wird von entsprechenden Prüfinstituten auditiert und zertifiziert. (6)

Die meisten Eigenmarken-Lieferanten wurden vom Handel bereits auf den IFS festgelegt und man erwartet, dass alle Hersteller bis spätestens Mitte 2004 zertifiziert sind. Gezielte Warerückrufaktionen werden dann relativ problemlos durchgeführt werden können. (6)

Rückverfolgbarkeit auf Chargenebene?

Weder die EU-Verordnung noch der IFS schreiben eine Rückverfolgbarkeit nach Chargen vor. Trotzdem wecken manche Softwareanbieter gerne den Eindruck, dass die Chargenrückverfolgung verlangt wird. So wollen Sie ihre teueren und aufwendigen Systeme verkaufen, die von vielen kleinen und mittelständischen Unternehmen gar nicht gebraucht werden.

Gleichwohl ist die Möglichkeit der Chargenrückverfolgung häufig aus wirtschaftlichen Gründen sinnvoll. Nur so können beanstandete Chargen gezielt zurückgerufen werden, ohne dass alle belieferten Märkte den Gesamtbestand räumen müssen. (6)

Auch sind manche Rechtsexperten der Meinung, dass der in Artikel 3, Nr. 15 definierten Vorschrift, nach der das Lebens- oder Futtermittel durch alle Produktions-, Verarbeitungs- und Vertriebsstufen zu verfolgen sein muss, nur durch eine chargenbezogene Dokumentation durch alle Stufen entsprochen werden kann. (www.rueckverfolgbarkeit.de)

ECR-Empfehlungen

Die ECR-Fachgruppe zum Thema Rückverfolgbarkeit hat den Nahrungsmittelproduzenten empfohlen, alle Stoffe und Artikel chargengenau über das Transportetikett EAN 128 zu kennzeichnen und zu dokumentieren. Für die Verteilung im Einzelhandel bis zum Point of Sale ist eine Chargenverfolgung (noch) nicht realistisch und es genügt laut ECR die Kennzeichnung und Dokumentation nach Produkt und Nummer der Versandeinheit (NVE). (7)

Unterstützt wird das Tracking und Tracing durch die Nutzung des Edifact Subsystems EANCOM, das als Brücke zwischen physischem Warenfluss und elektronischem Datenfluss agiert und so die ständige Rückverfolgbarkeit einer Versandeinheit ermöglicht. (8)

Bei der Centrale für Coorganisation (CCG) ist zu dem Thema ein branchenübergreifender, internationaler Leitfaden unter dem Titel "Tracking & Tracing - Von der Strategie zur Praxis" für 25 Euro erhältlich. (8)

Fallbeispiele

Handelsketten setzen auf IFS

Die deutschen Einzelhandelsketten wie Metro, Rewe, Edeka, Aldi, Lidl und Globus verlangen von ihren Eigenmarkenlieferanten die Einhaltung des IFS. Ab Herbst wird der IFS außerdem Standard für die französischen Handelsunternehmen Carrefour, System U und Monoprix sein. Polen, Österreich, Belgien, Holland, England und Italien sollen folgen. Damit wäre der IFS und damit die kontrollierte und zertifizierte Rückverfolgbarkeit in Europas Handelsunternehmen weitestgehend gewährleistet. (6)

ERP-Systeme sind gut auf 178/2002 eingestellt

Die großen Anbieter von ERP-Systemen wie beispielsweise SAP oder CSB sind gut auf die Implementierung der EU-Richtlinie vorbereitet und die Software garantiert die Rückverfolgbarkeit auf Chargenbasis oder Nummer der Versandeinheit. CSB bietet zum Thema Rückverfolgung auch

Praxisseminare an. SAP liefert mit der Branchenlösung "Foodsprint" eine Komplettsoftware für mittelständische Unternehmen. Die Software "Semiramis" von C.I.S. Cross Industrie Software, ist speziell für die Fleischwarenhersteller interessant. Sie arbeitet mit der von der ECR vorgeschlagenen Lösung über EAN-128-Etikett. (7), (12), (13), (14) Eine eigenständige Analyse-Lösung hat die Team AG unter dem Namen "Pro-Trace" entwickelt. Auch diese Lösung eignet sich für den Mittelstand. Die Team AG betreibt außerdem das Internet-Portal "Rueckverfolgbarkeit.de", das den Unternehmen aus der Ernährungsindustrie weitergehende Informationen und die Diskussionsmöglichkeit mit Branchenvertretern und Rechtsanwälten bietet. (15)

Eier online

Der Verein für kontrollierte alternative Tierhaltungsformen e. V. (KAT), der das etablierte deutsche Eier-Kontrollsystem betreibt, hat eine Online-Lösung für die Dokumentation aller Warenbewegungen geschaffen. 95 Prozent der in Deutschland verkauften Eier werden von KAT erfasst und kontrolliert. Auch Futtermittellieferanten mussten sich zertifizieren lassen. Alle Kontroll- und Prüfergebnisse von Laboren und Prüfinstituten sind in dem Internet-Portal gespeichert und abrufbar. Die vorgeschriebene Rückverfolgbarkeit ist somit absolut gewährleistet.

Elektronische Tierakte

In einem Modellprojekt mit 36 Pilotbetrieben wird die "Elektronische Tierakte" in Bayern getestet. Durch den "Genetischen Fingerabdruck" von Schweinefleisch und die elektronische Erfassung von Erbinformationen der Mutter- und Schlachttiere soll mit relativ wenig Aufwand jederzeit festgestellt werden können, von welchem Muttertier und damit von welchem Betrieb ein Stück Fleisch stammt. Edeka Nord testet dieses Verfahren mit Rindfleisch. Die "Elektronischen Tierakte" kann von Vertrags-Landwirten auch zur detaillierten Dokumentation von Futter- und Arzneimittelgaben genutzt werden, sofern gefordert. (16), (17)

Weiterführende Literatur

(1) Auszug aus der EU-Verordnung 178/2002, Art. 18, DVZ, Nr. 313, 20.09.2003
aus QZ - Qualit&auml;t und Zuverl&auml;ssigkeit, Heft 4/2003, S. 306-309

(2) "Cassis de Dijon" war nur der Anfang

aus Lebensmittel Zeitung 41S vom 07.10.2003 Seite 014

(3) Stufenverantwortung auf dem Vormarsch
aus Lebensmittel Zeitung 41S vom 07.10.2003 Seite 016

(4) Hilfe für die Branche
aus Lebensmittel Zeitung 30 vom 25.07.2003 Seite 023

(5) Noch kontroverse Diskussionen
aus Ernährungsdienst 77 vom 08.10.2003 Seite 003

(6) Dem Rohstoff auf der Spur
aus Lebensmittel Zeitung 40 vom 02.10.2003 Seite 050

(7) Industrie soll ihre Chargen kennen
aus Lebensmittel Zeitung 39 vom 26.09.2003 Seite 026

(8) Transparenz verhindert Schaden
aus Lebensmittel Zeitung 35 vom 29.08.2003 Seite 057

(9) Neue Produktsicherheitsrichtlinie auch für Textilien
aus TextilWirtschaft 34 vom 21.08.2003 Seite 018

(10) "Mehr Systematik ist gefragt"
aus TextilWirtschaft 37 vom 11.09.2003 Seite 068

(11) EMV-Richtlinie fordert Eigenverantwortung - Hersteller unterliegen strengerer Mitteilungspflicht, Konformitätsbewertungen werden vereinfacht
aus elektrotechnik Nr. 07-08 vom 21.08.2003 Seite 056

(12) CSB demonstriert Rückverfolgung
aus Lebensmittel Zeitung 41 vom 10.10.2003 Seite 032

(13) Software als Komplettlösung
aus afz Journal Nr. 10 vom 01.10.2003 Seite 009

(14) Olaf setzt auf Chargen-Transparenz
aus Lebensmittel Zeitung 38 vom 19.09.2003 Seite 030

(15) Verbindung zwischen den Inseln
aus Lebensmittel Zeitung 31 vom 01.08.2003 Seite 018

(16) Die papierlose Tierakte geht in den Praxistest
aus afz - allgemeine fleischer zeitung Nr. 39 vom 24.09.2003 Seite 001

(17) Edeka verfolgt Rinder im Netz
aus afz - allgemeine fleischer zeitung Nr. 33 vom 13.08.2003 Seite 004

Impressum

Rückverfolgbarkeit (EU-Verordnung 178/2002)

Bibliografische Information der deutschen Nationalbibliothek

Die Deutsche Nationalbibliothek verzeichnet diese Publikation in der deutschen Nationalbibliografie; detaillierte bibliografische Daten sind im Internet über http://dnb.d-nb.de abrufbar.

ISBN: 978-3-7379-1027-9

© 2015 GBI-Genios Deutsche Wirtschaftsdatenbank GmbH, Freischützstraße 96, 81927 München, www.genios.de

Alle Rechte vorbehalten. Dieses Werk ist einschließlich aller seiner Teile – z.B. Texte, Tabellen und Grafiken - urheberrechtlich geschützt. Jede Verwertung außerhalb der Grenzen des Urheberrechtsgesetzes bedarf der vorherigen Zustimmung des Verlags. Dies gilt insbesondere auch für auszugsweise Nachdrucke, fotomechanische Vervielfältigungen (Fotokopie/Mikroskopie), Übersetzungen, Auswertungen durch Datenbanken oder ähnliche Einrichtungen und die Einspeicherung und Verarbeitung in elektronischen Systemen.